四十二章經

賴永海◆主編
尚　榮◆譯注

前言

《四十二章經》也稱「佛說四十二章經」，是從印度傳到中國的第一部佛教聖典。此經在中國佛教經典中具有十分特殊的意義。東漢永平十年（六七），漢明帝因夜夢神人（佛陀），即遣派使者張騫、羽林中郎將秦景、博士弟子王遵等十二人到大月支國求法，並迎請迦葉摩騰和竺法蘭兩位法師，來到了中國的都城洛陽，駐錫在洛陽雍門外新建的白馬寺，翻譯佛經。此白馬寺也就成為了中國第一座寺廟。他們所帶來的梵本經典，依歷史的記載，有六十萬言，而翻譯的第一部經典，就是《佛說四十二章經》。除了這部經外，他們還陸續翻譯了《法海藏經》、《佛本行經》、《十地斷結經》、《佛本生經》、《二百六十戒合異》等五部經，但此五部經都已遺失。到現在，兩位尊者翻譯的經典，僅僅保存了《佛說四十二章經》流傳世間。

「四十二章」是因本經分為四十二段而得名，經者，梵語「修多羅」，此云契經。修多羅原意為「線」、「條」、「絲」等，引申其義為「貫穿攝持」。凡佛所說真理皆可曰「經」。經又訓為

「常」，以所說為常法故。本經以四十二段經文，攝佛說一切因果大義，因此稱為「四十二章經」。

本經內容除了經序外，計四十二章，分別為：出家證果、斷欲絕求、割愛去貪、善惡並明、轉重令輕、忍惡無瞋、惡還本身、塵唾自污、返本會道、喜施獲福、施飯轉勝、舉難勸修、問道宿命、請問善大、請問力明、捨愛得道、明來暗謝、念等本空、假真並觀、推我本空、名聲喪本、財色招苦、妻子甚獄、色欲障道、欲火燒身、天魔嬈佛、無著得道、意馬莫縱、正觀敵色、欲火遠離、心寂欲除、我空怖滅、智明破魔、處中得道、垢淨明存、輾轉獲勝、念戒近道、生即有滅、教誨無差、行道在心、直心出欲、達世如幻。這是佛涅槃以後，由他的弟子擇其一生所說的精粹警句，彙編而成，好似一本佛的語錄，在這一點上，頗與《論語》的性質相類。對於本經與其他佛經的聯繫，隆蓮法師在《中國佛教．中國佛教經籍》中介紹《四十二章經》時提到：各章的內容多見於阿含部經典，例如：第三章見《中阿含經》卷三《思經》、《伽藍經》、《伽彌尼經》，第六章及第七章均見《雜阿含經》卷四十二，第十章見《中阿含經》卷三十九《須達哆經》及別譯《須達經》、《長者施報經》、第十七章見《雜阿含經》卷三十四，第二十四章見《中阿含經》卷五十五《晡利多經》，第二十六章見《雜阿含經》卷四十三，第二十八章見《長阿含經》卷二以下《遊行經》、第三十章見《增壹阿含經》卷二十五〈五王品〉之四、卷二十七〈邪聚品〉、卷四十九〈非常品〉之三，第三十二章見《增壹阿含經》卷二十五〈五王品〉之三，第三十三章見《雜阿含經》卷九、《增壹阿含經》卷十三及《中阿含經》卷二十九《沙門二十億經》，第三十九章見《中阿含經》卷二十八《蜜丸喻經》等。但本經文字，比這些經文簡略，很像是其摘要。然而此中次序安排是井然有序的，近代太虛大師對全經以三乘共教行果，五乘善惡通義，大乘不共勝行，信教解理修行來判攝。另此經專為出家沙門說法，因此常在經中稱說「沙門」。

對於本經的特色，太虛大師總結為四點：一、辭最簡馴；二、義最精富；三、臚者古真；四、傳最平易。此經於諸經中文辭最為約易；本經也非僅為小乘之法，實際上包括大小乘一切教義無所不攝；本經是佛教傳入中國的第一部佛經，後世經論譯名多自此出，後世的譯家不能踰越；另外此經開端即出經義，最為直截了當，異乎餘經。

本經有多種異本，現存主要的有五種：一、《高麗藏》本；二、宋真宗注本；三、唐《寶林傳》本；四、宋六和塔本；五、明了童補注宋守遂注本。近現代金陵刻經處將《佛遺教經》、《佛說四十二章經》和《佛說八大人覺經》三經合在一起刊行。本經的真偽問題曾引起很大爭論，梁啟超、胡適之等好多學者曾對該經加以考證、筆戰和辯論。張曼濤編《現代佛教學術叢刊》第十一冊，搜集了各方面討論《佛說四十二章經》真偽的文章。值得肯定的是，近代太虛、印順等高僧都肯定《佛說四十二章經》不是偽造的。

《佛說四十二章經》的注解，明朝有蕅益大師簡明扼要的《四十二章經解》；近代有太虛大師深入講說的《四十二章經講錄》、宣化上人所作的《佛說四十二章經淺釋》；另有菲律賓自立法師較為詳細的《佛說四十二經講記》、賴永海先生的《佛典輯要》，都是很有參考價值的注解本。本書在題解部分多依太虛大師的《四十二章經講錄》，並參以蕅益大師的《四十二章經解》，譯文、注釋部分多參照以上所說各注解；注釋部分主要參考和引用了《佛光大辭典》、丁福保《佛學大辭典》、《中華佛教百科全書》、《中國百科全書（佛教篇）》等工具類書。

這部《佛說四十二章經》的內容，對我們現實的人生富有啟發作用，可以說它是引導我們修身、行持、處世、待人，乃至成佛的解脫之道。

因學問不足，其中定有許多不妥之處，於此多請十方大德、專家、讀者指正。

目次

經序

此經序為《大正藏》第十七冊《四十二章經》中序文，說明此經傳入中國的緣起和經過。本經的傳入使得佛教在中國廣泛地流傳開來。

昔漢孝明皇帝，夜夢見神人，身體有金色，項有日光，飛在殿前，意中欣然，甚悅之。明日問群臣，此為何神也。有通人傅毅曰❶：「臣聞天竺，有得道者，號曰佛。輕舉能飛，殆將其神也。」於是上悟。即遣使者張騫、羽林中郎將秦景、博士弟子王遵等十二人。至大月支國，寫取佛經四十二章。在第十四石函中，登起立塔寺。於是道法流布，處處修立佛寺，遠人伏化願為臣妾者。不可稱數。國內清寧，含識之類，蒙恩受賴，於今不絕也。

【譯文】

昔日東漢孝明皇帝當政的時候，一日，他在夜裡夢見有位神人，身體呈金色，頭上有如日之光，騰空飛於宮殿之前，漢孝明皇帝心中頗為高興，很喜歡此神人。第二天起來上殿時問群臣，這是什麼神。有位博學的通人叫傅毅，他說：「我聽說在西方天竺國，有位得道者，號稱為佛。輕舉能飛，應該是這位神靈。」於是皇帝領悟，即遣派使者張騫、羽林中郎將秦景、博士弟子王遵等十二人到大月支國，寫取了佛經四十二章。將此經放在第十四個石函中，並建立起塔寺供奉。於是道法流布，處處修建佛寺，從遠處來歸服化願為臣妾者，不可稱數。國內太平清寧，眾生含識受到的恩澤到今天仍然不絕。

【注釋】

❶ 通人：博古通今之人，傅毅為當時太史官，掌管歷史，故此稱謂。

序分

這一段是本經的序文。一切經典，都可以三分：一、序分，二、正宗分，三、流通分。這是東晉時代的道安法師所分判的。每部佛經的三分法，就是這位道安彌天大師所制定的。「千古同遵」，從晉朝到現在，沒有一位法師講經不採用道安法師這樣的分判。序分是一部經的緣起，等於一般著作的緒論，以人來譬喻，它好像是人的頭部。正宗分是整部經的中心思想，經的核心內容，最重要的部分，都是在正宗分發揮，等於人的身體一樣。流通分希望把這部經永遠流傳於後世，就像人之有腳，能夠行走天下。

另，序分通常又分為「通序」和「別序」兩種。所謂通序，就是所有的佛經共有的形式，也稱為「證信序」。所謂別序，是每一部經與其他的經典不一樣的發起因緣，因此又稱為「發起序」。

通序，可以證明這一部經是真實的，通序一般具足了信、聞、時、主、處、眾這六個條件。這六個條件，稱為「六成就」，也就是在每部經一開始的「如是我聞，一時佛在某某地方」等，「如是」叫信；聞，就是「我聞」；時，指說法的時間（一時）；主，就是佛；處，就是處所，講經的地點；眾，是出席法會的聽眾。這是每一部經都具備的六個條件。

本經一開始的這一段經文，就是序分。由於本經是第一部傳到中國來的經典，翻譯的方式還沒有定型，為了適應中國當時讀者聽眾的根機，使他們能夠容易接受，因此本序分的文體結構形式跟一般經典的形式有所不同。

世尊成道已❶，作是思惟❷：離欲寂靜❸，是最為勝；住大禪定❹，降諸魔道❺。於鹿野苑中❻，轉四諦法輪❼；度憍如等五人❽，而證道果❾。復有比丘❿，所說諸疑，求佛進止。世尊教敕，一一開悟⓫，合掌敬諾⓬，而順尊敕。

【譯文】

佛陀圓滿覺悟成道後，做這樣的思維：離欲寂靜，這是最為殊勝的；住於大禪定中，一切妨道害德的魔事都不能再現於心境中，降伏了諸魔道。世尊在鹿野苑中轉苦、集、滅、道的四諦法輪；度憍陳如等五人而證道果。還有比丘請問了諸多疑問，請佛陀抉擇可否。佛陀均予以教敕，使其一一開悟，諸比丘恭敬合掌，不惰不散，順從佛陀世尊的教授。

【注釋】

❶ 世尊：如來十號之一。即為世間所尊重者之意，亦指世界中之最尊者。亦直譯作「有德」、「有名聲」等。這裡所稱的「世尊」是指釋迦牟尼佛。「如來、應供、正遍知、明行足、善逝、世間解、無上士、調御丈夫、天人師、佛世尊」，這是佛的十個通號。在印度，一般用為對尊貴者之敬稱，並不限用於佛教；若於佛教，則特為佛陀之尊稱。成道：「成佛得道」之略稱，即完成佛道之意。又作「成佛」、「得佛」、「得道」、「成正覺」。即菩薩完成修行，成就佛果。成是成就的意思。道，指佛道。

❷ 思惟：考慮、思索、入定。思考真實之道理，稱為「正思惟」，係「八正道」之一；反之，則稱「邪思惟」（不正思惟），乃「八邪」之一。

❸ 離欲：欲是欲望，情欲、食欲、淫欲。所謂「五欲」乃財、色、名、食、睡。離欲是離開欲，離開貪欲淫欲，即把「五欲」打破，不為它所纏縛，獲得自在。寂靜：指心凝住一處之平等安靜狀態。遠離本能所起的精神動搖，稱為「寂」；斷絕一切感覺苦痛之原因而呈現安靜之狀態，稱為「靜」。蓋由修禪定，可令心止於一處、遠離散亂等。也指涅槃之寂滅無相。

❹ 禪定：禪，為梵語「禪那」之略，譯曰「思惟修」。新譯曰「靜慮」。思惟修者思惟所對之境，

而研習之義，靜慮者心體寂靜。能審慮之義。定者，為梵語「三昧」之譯，心定止一境而離散動之義。即一心考物為禪，一境靜念為定也。「禪」與「定」皆為令心專注於某一對象，而達於不散亂之狀態。

❺ 魔道：又作「魔羅道」。指惡魔之行為，或惡魔之世界。魔，含有障礙、殺害、邪惡、侵奪的意思。在佛經裡面，魔有很多種，但不出內魔和外魔兩類，而且更強調內魔的危害性，內魔也就是心魔，指欲望，貪瞋癡慢疑等不正確的觀念，導致我們內心產生障礙。

❻ 鹿野苑：為釋尊成道後初轉法輪之地，即今之沙爾那斯（Sārnāth，即梵名Sāravganātha，鹿主之意），位於今北印度瓦拉那西市（Varanasi）以北約六公里處。又譯作「仙人鹿野苑」、「鹿野園」、「鹿野」、「鹿苑」、「仙苑」、「仙人園」。關於地名之由來，諸說紛異。謂昔有婆羅奈國王遊獵至此，網鹿千頭，經鹿王哀求以日送一鹿供王食用，王始放群鹿，故地名「鹿野苑」。《大唐西域記》卷七以鹿王為代有孕之母鹿捨身就死，因而感動梵達多國王，使王釋放鹿群，並布施樹林，而稱之為「施鹿林」。

❼ 四諦：諦，是真理、審實不虛之義。四諦，就是佛教中顛撲不破的四種真理，即苦、集、滅、道這四種正確無誤之真理。此四者皆真實不虛，故稱「四諦」、「四真諦」；又此四者為聖者所知見，故稱「四聖諦」。法輪：「佛法」之喻稱。以「輪」比喻佛法，其義有摧破、輾轉、圓滿之義。

❽度：渡過之意。指從此處渡經生死迷惑之大海，而到達覺悟之彼岸。出家為覺悟之第一步，故稱出家為「得度」。憍陳如：佛陀於鹿苑初轉法輪時所度五比丘之一，乃佛陀最初之弟子。又稱「阿若憍陳如」、「阿若拘鄰」、「憍陳那」、「阿若憍憐」、「居鄰」、「居倫」。意譯為「初知」、「已知」、「了教」、「了本際」、「知本際」。據《增壹阿含經．弟子品》載，憍陳如為佛陀聲聞弟子之一，寬仁博識，善能勸化，將養聖眾，不失威儀，為最早受法味而思維四諦者。

❾證：修習正法，如實體驗而悟入真理，稱為「證」。道果：由菩提之道而證涅槃之果，故稱。道，菩提。果，涅槃。

❿比丘：又作「苾芻」、「備芻」、「比呼」。意為「乞士」、「乞士男」、「除士」、「薰士」、「破煩惱」、「除饉」、「怖魔」。指出家得度，受具足戒之男子。「比丘」之語義有五種，即：㈠乞士（行乞食以清淨自活者），㈡破煩惱，㈢出家人，㈣淨持戒，㈤怖魔。

⓫開悟：開智悟理也。《法華經．序品》曰：「照明佛法，開悟眾生。」

⓬合掌：又作「合十」。即合併兩掌，集中心思，而恭敬禮拜之意。本為印度自古所行之禮法，佛教沿用之。印度人認為右手為神聖之手，左手為不淨之手，故有分別使用兩手之習慣；然若兩手合而為一，則為人類神聖面與不淨面之合一，故借合掌來表現人類最真實之面目。

第一章　出家證果

這是本經的第一章，說明沙門證阿羅漢果的過程。從這一章開始，直到第四十二章，都是屬於正宗分，即是本經所講的主題。

佛言：「辭親出家❶，識心達本，解無為法❷，名曰沙門❸。常行二百五十戒❹，進止清淨❺，為四真道行❻，成阿羅漢❼。阿羅漢者，能飛行變化，曠劫壽命，住動天地。次為阿那含❽。阿那含者，壽終靈神上十九天，證阿羅漢。次為斯陀含❾。斯陀含者，一上一還，即得阿羅漢。次為須陀洹❿。須陀洹者，七死七生，便證阿羅漢。愛欲斷者，如四肢斷，不復用之。」

【譯文】

佛陀世尊說：「辭別親人出家，識自心源，通達佛的深理，了達一切法的本來真實相，解無為法，這樣的行者稱為沙門。沙門常行二百五十戒，威儀進止清淨，觀察四諦而修道行，證阿羅漢果。阿羅漢能飛行變化，具有曠劫壽命，一行一住，皆能感動天地。其次為阿那含果。獲阿那含果的行者壽命結束後生於十九天之上，於五淨居天中證阿羅漢果。其次為斯陀含果。獲斯陀含果的行者，一上欲天，一還人中，即證得阿羅漢果。其次為須陀洹果。獲須陀洹果的行者，七次生於人間天上後，便證阿羅漢果。斷除愛欲後，便出苦輪，如同四肢斷掉一樣，不再復用。」

【注釋】

❶辭親：辭，就是辭別。親，就是父母親或親戚朋友，辭親目的是要出家。辭親而出家，可以分為兩方面：一、辭別親人，奉父母命出家。佛在世的時候，一個人想要出家，必須經過父母的同意，才可以出家；要是父母反對的話，釋迦牟尼佛也不會接受他出家的。二、辭離親族，以便斷除纏累。家庭是一種拖累障礙道業，遠離家庭恩愛，才能夠修學佛法。出家：定義有廣義和狹義兩種。狹義，就是出離家庭，到寺廟過生活。廣義，出世俗家，入真諦家；就是出離了世俗之家，出五蘊家，入法身家。

❷無為：無造作之意。為「有為」之對稱。即非由因緣所造作，離生滅變化而絕對常住之法。又作「無為法」。原係涅槃之異名，後世更於涅槃以外立種種無為，於是產生「三無為」、「六無為」、「九無為」等諸說。於小乘各部派中，說一切有部立擇滅無為、非擇滅無為、虛空無為，合為「三無為」。大眾部、一說部、說出世部於「三無為」之外，立空無邊處、識無邊處、無所有處、非想非非想處等「四無色處」，及緣起支性（十二緣起之理）、聖道支性（八聖道之理）等，總為「九無為」。化地部則以不動、善法真如、不善法真如、無記法真如取代「四無色處」，亦作「九無為」之說。大乘唯識家於「三無為」外，別立不動、想受滅、真如，合為「六無為」；或開立真如為善法、不善法、無記法，而為「八無為」。然無論開立為「六無為」或「八無為」，非謂無為有多種別體，而係斷除我、法二執所顯之一種法性；復以此一法性從所顯之諸緣而稱種種之名。準此而言，真如、法性、法界、實相等亦皆為無為法。又以涅槃而言，上記「三無為」中之擇滅無為、「六無為」中之真如無為即涅槃；而涅槃乃一切無為法中之最殊勝者。

❸沙門：又作「沙門那」、「沙聞那」、「娑門」、「桑門」、「喪門」。意譯「勤勞」、「功勞」、「劬勞」、「勤懇」、「靜志」、「淨志」、「息止」、「息心」、「息惡」、「勤息」、「修道」、「貧道」、「乏道」。為「出家者」之總稱，通於內、外二道。亦即指剃除鬚髮，止息諸惡，善調身心，勤行諸善，期以行趣涅槃之出家修道者。在印度，不單是佛教的出家

人叫沙門，在當時的婆羅門教，以及其他九十六種外道，只要是宗教師，都稱為「沙門」。不過，釋迦牟尼佛的弟子，是「釋種沙門」。

❹ 二百五十戒：又稱「具足戒」。即比丘所必須遵守之戒律，共有二百五十條。各部派所傳之不同律藏，各部派戒條之數亦略有出入。然大體皆以二百五十條為基本之數。主要遵守的是「五戒」，即不殺生、不偷盜、不邪淫、不妄語、不飲酒。戒，意指行為、習慣、性格、道德、虔敬。

❺ 進止：出家人日常生活中的行住坐臥，語默動靜，都要合乎威儀，合乎戒律。進，即前進。止，即停止。清淨：音譯「毘輸陀」、「輸陀」、「尾戍馱」、「戍馱」。略稱「淨」。指遠離因惡行所致之過失煩惱。一般常用「身」、「語」、「意」三種清淨。

❻ 四真：即四真諦。道行：又作「道業」，意為佛道之修行。

❼ 阿羅漢：為「聲聞四果」之一，如來十號之一。又作「阿盧漢」、「阿羅訶」、「阿囉呵」、「阿黎呵」、「遏囉曷帝」。略稱「羅漢」、「囉呵」。意譯「應」、「應供」、「應真」、「殺賊」、「不生」、「無生」、「無學」、「真人」。其中主要的三種意義是應供、殺賊、無生，「應供」意為阿羅漢是真正應該接受人天供養的聖者。「殺賊」，賊，指煩惱賊，證到阿羅漢的聖果，已經把所有的煩惱都斷盡了。「無生」，阿羅漢既然斷除了一切的煩惱，也斷盡了一切染污的行為，這時候已經了生脫死，不會再來受生了，所以稱為「無生」。總之，阿羅漢指斷

盡三界見、思之惑，證得盡智，而堪受世間大供養之聖者。此果位通於大、小二乘，然一般皆做狹義之解釋，專指小乘佛教中所得之最高果位而言。若廣義言之，則泛指大、小乘佛教中之最高果位。

❽ 阿那含：舊譯作「阿那伽彌」、「阿那伽迷」。略稱「那含」。意譯「不還」、「不來」、「不來相」。乃「聲聞四果」中第三果之聖者。是斷盡欲界的煩惱的聖人的通稱。凡是修到此果位的聖人，未來當生於色界無色界，不再來欲界受生死，所以叫做「不還」。

❾ 斯陀含：又作「沙羯利陀伽彌」。意譯作「一來」、「一往來」。係「聲聞四果」中之第二果位。

❿ 須陀洹：為「聲聞四果」中最初之聖果，又稱「初果」。即斷盡「見惑」之聖者所得之果位。

第二章　斷欲絕求

前面第一章講出家與證果，本章及第三章，經中指出出家以後，應該怎樣修持。本章明沙門果證雖有差別，而所證之理無差別。

佛言：「出家沙門者，斷欲去愛❶，識自心源，達佛深理，悟無為法。內無所得，外無所求。心不繫道❷，亦不結業❸。無念無作❹，非修非證。不歷諸位❺，而自崇最，名之為『道』。」

【譯文】

佛陀說：「出家的沙門行者，斷欲去愛，認識了自心本源，通達佛陀教授的甚深道理，悟透無為法，於內無所得，於外無所求，心不繫於通達解脫的行持之道上，也不結煩惱諸業。無念無作，法爾如此，非修非證。真空法性不需經歷從凡夫到聖人的位次，非造作成，這稱之為『道』。」

【注釋】

❶欲：又作「樂欲」。心所名。意謂希求、欲望。希望所做事業之精神作用。說一切有部指從一切心起之作用，為大地法所攝。唯識宗則謂，心捕捉對象係由作意之作用，非由欲之作用，故欲非從一切心起，僅係對願求對象所起之別境。欲有善、惡、無記等三性，善欲為引起精勤心之根據；惡欲中之希欲他人財物者，稱為「貪」，為根本煩惱之一。愛：又作「愛支」。「十二因緣」之一。意為貪戀執著於一切事物。

❷道：即至目的地之通路，或指踏行之道（軌路）。據《俱舍論》卷二十五謂，道即通往涅槃（菩提）之路，為求涅槃果之所依。準此，道乃意謂達成佛教終極目的之修行法則。廣義而言，亦指趣向果之通路。例如《大智度論》卷八十四謂，有人天、聲聞、緣覺、菩薩等四種道，人、天以「十善」、布施為道，而求世間之福樂；二乘以「三十七道品」為道，而求涅槃；菩薩以「三十七道品」、「六波羅蜜」為道，而求佛果。

❸ 業：音譯「羯磨」。最早見於印度的古奧義書，是婆羅門教、耆那教、生活派（邪命外道）等都襲用的術語。佛教中一般解釋為造作。人的身、口、意造作善法與不善法，名為身業、口（語）業、意業。業生滅相續，必感苦樂等果，果是業果，結果的因謂之業因。業雖由人的身、口、意所造，但受煩惱的支配。《大智度論》卷九十四稱：「煩惱因緣，故起諸業。」這樣就構成惑（煩惱）、業、苦（果）之間的因果關係。《大毘婆沙論》卷一百二十三說：業有作用（語業）、行動（身業）、造作（意業）三義。此句是說心已證道，心外無道可繫，見道須陀洹果對治煩惱雖然沒有除盡，但由煩惱所起招生死業已經不起，到四果阿羅漢始斷盡於煩惱諸業，因此稱為「不結業」。

❹ 無念：無遷流之念，以真空法性恆常如是故。無作：非由造作成，以真空法性本來如是故。

❺ 不歷諸位：小乘從凡夫到阿羅漢，大乘從凡夫到佛都要經歷一定的位次，但皆以真空法性為真實性，故說「不歷諸位」。

第三章　割愛去貪

本章與前一章明由出家行而證四果，是三乘共教了脫生死之法。此處讚歎頭陀勝行，作為證道的要術。

佛言：「剃除鬚髮❶，而為沙門。受道法者，去世資財❷，乞求取足❸。日中一食❹，樹下一宿❺，慎勿再矣！使人愚蔽者，愛與欲也。」

【譯文】

佛陀世尊說：「剃除鬚髮而成為沙門行者。接受修習佛道之法，擯棄世間的資財，通過乞討滿足所需。一天只吃中午一食，晚上睡在樹下，謹慎不要再有過多的欲求啊！愛和欲是會使人愚蔽的。」

【注釋】

❶ 剃除鬚髮：這是指現沙門相。

❷ 資財：此資財為「五欲」之首。

❸ 乞求取足：即去除名欲。

❹ 日中一食：即去食欲。據《毘羅三昧經》記載：「瓶沙王問佛：何故日中而食？」佛說：「早起諸天食，日中三世佛食，日西畜生食，日暮為鬼神食。」

❺ 樹下一宿：即去睡欲。

第四章　善惡並明

本章講「十善行」和「十惡行」，「十善法」為世間法，亦為出世法之基礎。欲行出世間法必先持戒，持戒則修「十善行」，由修「十善」而得定則為正定，由得正定而生慧則為正慧，否則或將流為邪定狂慧，故聲聞、辟支均由持戒而得清淨禪智。大乘聞佛法發大菩提心，也必須先修「十善」而去「十惡」，修「十善」則也去貪瞋癡。

佛言：「眾生以十事為善❶，亦以十事為惡❷。何等為十？身三、口四、意三。身三者：殺、盜、淫❸。口四者：兩舌、惡口、妄言、綺語❹。意三者：嫉、恚、癡❺。如是十事，不順聖道，名『十惡行』。是惡若止，名『十善行』耳。」

【譯文】

佛陀世尊說：「眾生以十種事為善，同時也以十種事為惡。是哪十種呢？十種是從身三種、口四種、意三種來說的。身三種是指殺生、偷盜、邪淫。口四種是指兩舌、惡口、妄言、綺語。意三種是：嫉、恚、癡。這樣的十事，不符合聖道，稱為『十惡行』。這十惡行若能制止不行，則稱為『十善行』。」

【注釋】

❶ 十事為善：即十善業，是佛教對世間善行的總稱。它是以三種身業（不殺生、不偷盜、不邪淫）、四種語業（不妄語、不惡口、不兩舌、不綺語）及三種意業（不貪欲、不瞋恚、不邪見）所組成的。又稱「十善道」、「十善業道」、「十善根本業道」或「十白業道」。

❷ 十事為惡：即十惡業，身口意所行之十種惡行為，稱為「十惡」，又作「十不善業道」、「十惡業道」、「十不善根本業道」、「十黑業道」。即：㈠殺生。㈡偷盜。㈢邪淫。㈣妄語。㈤兩舌，即說離間語、破語。㈥惡口，即惡語、惡罵。㈦綺語，即雜穢語、非應語、散語、無義語。乃從染心所發者。㈧貪欲，即貪愛、貪取、慳貪。㈨瞋恚。㈩邪見，即愚癡。

❸ 殺：指斷絕生命的相續。《大乘義章》卷七說：「隔絕相續，目之為殺。」盜：即偷盜，不予而取，稱為「偷盜」。新譯作「不與取」。乃力取或盜取他人財物之意。淫：指男女非禮之行。

❹兩舌：即於兩者間搬弄是非、挑撥離間，破壞彼此之和合。又作「離間語」、「兩舌語」。惡口：即口出粗惡語毀訾他人。據《大乘義章》卷七載，言辭粗鄙，故視為惡；其惡從口而生，故稱之為「惡口」。妄言：即妄語，指以不實之言欺誑他人，《雜阿含經》卷三十七云：「作不實說，不見言見，見言不見，不聞言聞，聞言不聞，知言不知，不知言知，因自因他，或因財利，知而妄語，而不捨離，是名妄語。」《大智度論》卷十三云：「妄語者，不淨心欲誑他，覆隱實，出異語，生口業，是名妄語。」此謂為自利等原因而隱蔽真實，以虛言欺誑他人，稱為「妄語」。綺語：指一切染心所發，或時機不對之不恰當言詞。又作「雜穢語」或「無義語」。《大乘義章》卷七云：「邪言不正，其猶綺色，從喻立稱，故名綺語。」

❺嫉：慳鄙貪欲，不耐他榮，名之為「嫉」。恚：暴戾殘忍，懷恨結怒，名之為「恚」。癡：於諸事理盲無所曉，名之為「癡」。

第五章　轉重令輕

本章勸人懺悔改過。如有過不改，則過錯會越積越多；知過必改，則如病發汗，客邪自除。

佛言：「人有眾過，而不自悔❶，頓息其心。罪來赴身，如水歸海，漸成深廣。若人有過，自解知非，改惡行善，罪自消滅。如病得汗，漸有痊損耳。」

【譯文】

佛陀世尊說：「人有眾多過錯，而不自己懺悔過錯，頓息其造過錯的心。那麼罪過赴身就會像水歸大海一樣，漸漸變得深廣。如果人有過錯，但能自己了解並覺知為過錯，從而改惡行善，那麼罪會自己消滅。這就像生病後出汗，身體就會漸漸痊癒一樣。」

【注釋】

❶ 悔：即懺悔，謂悔謝罪過以請求諒解。懺，乃「忍」之義，即請求他人忍罪；悔，為追悔、悔過之義，即追悔過去之罪，而於佛、菩薩、師長、大眾面前告白道歉，期達滅罪之目的。據義淨所譯《根本說一切有部毘奈耶》卷十五之注謂，「懺」與「悔」具有不同之意義。懺，是請求原諒（輕微）；悔，是自申罪狀（說罪）之義（嚴重）。

第六章　忍惡無瞋

本章明善能勝惡，而惡不能破善。誡以慎勿瞋責惡人，以惡乃在彼，而和我無涉。

佛言：「惡人聞善，故來撓亂者；汝自禁息，當無瞋責❶。彼來惡者，而自惡之。」

【譯文】

佛陀世尊說：「惡人聽聞行者做善事，就故意來擾亂；你自己應該禁息冷靜，應當不生瞋恨和責罵於他。那來作亂的惡者，是自己作惡於自己。」

【注釋】

❶瞋：又作「瞋恚」、「瞋怒」、「恚」、「怒」。音譯作「醍鞞沙」。心所（心的作用）之名。為「三毒」之一。係指對有情（生存之物）怨恨之精神作用。於俱舍宗屬不定地法之一，於唯識宗屬煩惱法之一。據《俱舍論》卷十六、《成唯識論》卷六所載，對違背己情之有情生起憎恚，使身心熱惱，不得平安，名為「瞋」。又忿、恨、惱、嫉、害等隨煩惱，皆以瞋之部分為體，是為「六根本煩惱」（或十隨眠）之一。以其不屬推察尋求之性質（見），作用遲鈍，故為「五鈍使」之一。與貪、癡兩者，共稱為「三毒」（三不善根）。亦屬「五蓋」、「十惡」之一。

第七章　惡還本身

本章由第六章出，主要講守「十善道」，作惡會惡還本身，慎勿為惡。

佛言：「有人聞吾守道，行大仁慈，故致罵佛。佛默不對，罵止，問曰：『子以禮從人，其人不納，禮歸子乎？』對曰：『歸矣！』佛言：『今子罵我，我今不納；子自持禍，歸子身矣！』猶回應聲，影之隨形，終無免離。慎勿為惡！」

【譯文】

佛陀說：「有人聽聞我守道，修行大仁慈，因此反而罵佛。佛默然不對，等這人罵完後，問他說：『你以禮待人，但他人不納你所行之禮，禮是否歸還於你自己？』這人回答說：『是歸於自己啊！』佛說：『那麼今天你罵我，我今天不接受；這是你自己持有禍患，禍患就歸於你自己身上了！』這就像發出聲必有回音，影子必隨著形體一樣，最終是沒有免離禍患的。謹慎啊不要做惡行啊！」

第八章　塵唾自污

本章由上章出，深誡惡人不能傷害賢者，傷害賢者，禍害會自受。

佛言：「惡人害賢者，猶仰天而唾；唾不至天，還從己墮。逆風揚塵，塵不至彼，還坌己身❶。賢不可毀，禍必滅己。」

【譯文】

佛陀說：「沒道德的惡人去傷害有道德的賢人，這猶如仰天吐口水一樣；唾液不會到天上去，還是會墮向自己。逆著風去揚塵，塵不會到對面去，還是會落到自己身上。也就是說，不懷好意，想要毀謗賢者，賢者非但不會因他人的毀謗而受損，反而是毀謗、批評賢者的那個人，自己受損。」

【注釋】

❶ 坌：塵埃。

第九章　返本會道

以下明大乘的不共勝行。本章重在明信願，修學大乘因先有成無上正覺之志，稱為「菩提心」。由大悲菩提心，則願拯救眾生，此大乘心境不同二乘之基礎，由此基礎則成菩薩。守志指念念趨向菩提，不雜名利心。「奉道」指念念體會心源，不再向外尋覓。另，誡勸行人，須聞而思，思而修，不應僅停在口耳之學上。

佛言：「博聞愛道，道必難會。守志奉道，其道甚大。」

【譯文】

佛陀說：「僅廣博聽聞而愛道，那麼道必然難以領會。如果能堅守念念向菩提之志心，那麼其修道的成就會很大。」

第十章　喜施獲福

這一章說明看到人家發心布施，我們能夠生歡喜心，同樣可以得到無量的福報與功德。

布施有三：一財施，謂以財濟其貧窮。二無畏施，謂於難中拔其憂苦。三者法施，謂以三學令得四益。不僅自己行三種施道，得福很多，即使見他人行施，助令歡喜，獲福也無盡。

佛言：「覩人施道❶，助之歡喜❷，得福甚大❸。」

沙門問曰：「此福盡乎？」

佛言：「譬如一炬之火，數千百人，各以炬來分取，熟食除冥❹，此炬如故。福亦如之。」

【譯文】

佛陀說：「看見有人行布施之道，助其歡喜，此隨喜獲福報很大。」

有沙門問道：「那麼這福報會因此而耗盡嗎？」

佛陀說：「這就像一把火炬的火一樣，數千百人各自拿火炬來分取，用來生火做飯照明除暗，而此火炬還是原來一樣。福報也是如此的。」

【注釋】

❶施道：布施乃「六念」之一（念施），「四攝法」之一（布施攝），「六波羅蜜」及「十波羅蜜」之一（布施波羅蜜、檀波羅蜜）。布施能使人遠離貪心，如對佛、僧、貧窮人布施衣、食等物資，必能招感幸福之果報。又向人宣說正法，令得功德利益，稱為「法施」。使人離開種種恐怖，稱為「無畏施」。財施與法施稱為「二種施」；若加無畏施，則稱「三種施」。以上「三施」係菩薩所必行者。其中法施之功德較財施為大。布施若以遠離貪心與期開悟為目的，則稱為「清淨施」；反之則稱「不清淨施」。至於法施，勸人生於人天之說教，稱為「世間法施」；而勸人成佛之教法（「三十七菩提分法」及「三解脫門」），稱為「出世法施」。此外，關於施、施波羅蜜之區別，據《優婆塞戒經》卷二載，聲聞、緣覺、凡夫、外道之施，及菩薩在初二阿僧

祇劫所行之施，稱為「施」；而菩薩於第三阿僧祇劫所行之施，則稱為「施波羅蜜」。

❷ 助之歡喜：此為隨喜功德。謂見他人行善，隨之心生歡喜。《法華經》卷六〈隨喜功德品〉載，聽聞經典而隨喜，次次累積，功德至大。《大智度論》卷六十一則謂，隨喜者之功德，勝於行善者本人。「隨喜」一詞，亦引申為參與佛教儀式。於天臺宗，為五悔（滅罪修行之懺法）之一，亦為五品弟子位之初品。據《法華玄論》卷十載，隨喜有兩種：㈠通隨喜，謂若見、若聞、若覺、若知他人造福，皆隨而歡喜。㈡別隨喜，依五十功德之說，特指聞《法華經》，隨而歡喜。又謂大小二乘之隨喜不同，大乘之隨喜廣通三世十方諸佛及弟子，小乘僅局限於三世佛；大乘隨喜法身之功德，小乘僅隨喜迹身之功德；大乘之隨喜通於漏、無漏，小乘之隨喜唯限有漏心。

❸ 福：又作「功德」、「福德」。指能夠獲得世間、出世間幸福之行為。《阿含經》將善行分為「出世間無漏梵行」（清淨行）與「世間有漏福德」兩種。福德即指布施等行為，係成為生天之因的在家修行。

❹ 熟食：是譬喻，譬如證果。除冥：就是除去業障、報障、煩惱障這三障的迷惑。

第十一章　施飯轉勝

本章講布施供養，較量福田勝劣不等，令人知所歸向。福田有三：一、悲田，以悲憫眾生故；二、恩田，以報恩故；三、敬田，以恭敬有德故。這裡講依敬田。

佛言：「飯惡人百，不如飯一善人。飯善人千，不如飯一持五戒者❶。飯五戒者萬，不如飯一須陀洹。飯百萬須陀洹，不如飯一斯陀含。飯千萬斯陀含，不如飯一阿那含。飯一億阿那含，不如飯一阿羅漢。飯十億阿羅漢，不如飯一辟支佛❷。飯百億辟支佛，不如飯一三世諸佛❸。飯千億三世諸佛，不如飯一無念無住無修無證之者❹。」

【譯文】

佛陀說：「布施飲食於一百個惡人，不如布施飲食於一位善人。布施飲食於一千位善人，不如布施飲食於一位持五戒的行者。布施飲食於萬位持五戒的行者，不如布施供養飲食於一位須陀洹行者。布施供養飲食於百萬位須陀洹行者，不如布施供養飲食於一位斯陀含行者。布施供養飲食於千萬位斯陀含行者，不如布施供養飲食於一位阿那含行者。布施供養飲食於一億位阿那含行者，不如布施供養飲食於一位阿羅漢行者。布施供養十億阿羅漢行者，不如布施供養飲食於一位辟支佛行者。布施供養飲食於百億位辟支佛行者，不如布施供養飲食於過去、現在、將來三世諸佛中的一位。布施供養飲食於千億位三世諸佛，不如布施供養飲食於一位無念無住無修無證者。」

【注釋】

❶五戒：指五種制戒。㈠為在家男女所受持之五種制戒。即：㈠殺生，㈡偷盜（不與取），㈢邪淫（非梵行），㈣妄語（虛誑語），㈤飲酒。又作「優婆塞五戒」、「優婆塞戒」。「五戒」之中，前四戒屬性戒，於有情之境發得；後一戒屬遮戒，於非情之境發得。又前三戒防身，第四戒防口，第五戒通防身、口，護前四戒。我國古來以「五戒」配列於仁、義、禮、智、信「五常」，復以「不殺」配「東方」，「不盜」配「北方」，「不邪淫」配「西方」，「不飲酒」配「南方」，「不妄語」配「中央」。

❷ 辟支佛：意譯作「緣覺」、「獨覺」。又作「貝支迦」、「辟支」。為「二乘」之一，亦為「三乘」之一。乃指無師而能自覺自悟之聖者。據《大智度論》卷十八、《大乘義章》卷十七本載，有二義：㈠出生於無佛之世，當時佛法已滅，但因前世修行之因緣（先世因緣），自以智慧得道。㈡自覺不從他聞，觀悟「十二因緣」之理而得道。

❸ 佛：全稱「佛陀」、「佛馱」、「休屠」、「浮陀」、「浮屠」等。意譯「覺者」、「知者」、「覺」。覺悟真理者之意。亦即具足自覺、覺他、覺行圓滿，如實知見一切法之性相，成就等正覺之大聖者。乃佛教修行之最高果位。自覺、覺他、覺行圓滿三者，凡夫無一具足，聲聞、緣覺二乘僅具自覺，菩薩具自覺、覺他，由此更顯示佛之尊貴。對佛證悟之內容，諸經論有種種說法。對佛身、佛土等，各宗派亦各有異說，但大乘則總以「至佛果」為其終極目的。

❹ 「飯千億」兩句：這裡說無念無住無修無證較諸佛勝，指以在眾生界應化中稱為三世諸佛，而法身真佛即無為真如性；無為真實法性者為諸佛之本，一切諸佛均以無分別智證平等無為法。無為法身，無念無住無修無證，無漏無分別智亦復無生無滅無遷無變，此真身佛自他平等無念無住無修無證。供養無念無住無修無證者，即無分別智親證真如性究竟成佛；如是供養，始稱為「究竟」。

第十二章　舉難勸修

本章舉出修道的種種因緣難得。常人以難為修之障，不但知因為難而始修，不修則終不能無難，因此舉出人有二十難事。以能行難能之行，則一切難行的戒定慧、菩薩道，均可成不難行。重舉難而勸誡修行。此中的二十事，後後事難於前前事。

佛言：「人有二十難，貧窮布施難❶，豪貴學道難，棄命必死難，得覩佛經難，生值佛世難，忍色忍欲難，見好不求難，被辱不瞋難，有勢不臨難，觸事無心難，廣學博究難，除滅我慢難❷，不輕未學難❸，心行平等難，不說是非難，會善知識難，見性學道難❹，隨化度人難，覩境不動難，善解方便難。」

【譯文】

佛陀世尊說：「人有二十難，貧窮的人行布施很難，豪貴的人學道很難，放棄珍貴的生命必然去死這樣很難，能夠看到佛經很難，生在佛出世很難，能夠忍住男女之間的色欲很難，見到好事不貪求很難，被侮辱而不生瞋恨很難，有勢力但不借助勢力壓人很難，遇到事情無心應付很難，廣泛學習、廣博研究很難，除滅我慢很難，不輕視未學佛法的人很難，心行慈悲平等很難，不說是非很難，遇到善知識很難，明心見性學道很難，隨緣隨分化度人很難，面對諸境界一心不動很難，善解方便教義和方便教化方式很難。」

【注釋】

❶布施：音譯為「檀那」、「柁那」、「檀」。又稱「施」。即以慈悲心而施福利於人之義。蓋布施原為佛陀勸導優婆塞等之行法，其本義乃以衣、食等物施於大德及貧窮者；至大乘時代，則為「六波羅蜜」之一，再加上法施、無畏施二者，擴大布施之意義。亦即指施予他人以財物、體力、智慧等，為他人造福成智而求得累積功德，以致解脫之一種修行方法。《大乘義章》卷十二解釋「布施」之義：以己財事分散於他，稱為「布」；惙己惠人，稱為「施」。小乘布施之目的，在破除個人吝嗇與貪心，以免除未來世之貧困，大乘則與大慈大悲之教義聯結，用於超度眾生。

❷ 我慢：謂恃我，令心高舉之煩惱。如《俱舍論》卷十九云：「於五取蘊，執我我所，令心高舉，名為我慢。」《成唯識論》卷四云：「我慢者，謂倨傲，恃所執我，令心高舉，故名我慢。」

❸ 不輕未學難：佛嘗言四種不可忽：一者火雖小不可忽，二者龍雖小不可忽，三者王子雖小不可忽，四者沙門雖小不可忽。因此不可輕視未學。

❹ 見性：指徹見自心之佛性。黃檗斷際禪師《宛陵錄》：「即心是佛。上至諸佛，下至蠢動含靈皆有佛性，同一心體。所以達摩從西天來，唯傳一法。直指一切眾生本來是佛，不假修行。但如今識取自心，見自本性，更莫別求。」

第十三章　問道宿命

以下二章明持戒度。「持」有二義：一、止持，持戒者須止息一切惡事故；二、作持，須力行一切善故。戒者，一切德行之信條，能守此信條，做其所應做，止其所應止，是曰持戒。

本章問意重在宿命，而答意重在會道。知宿命者，不一定會至道；而會至道者，決定能知宿命。

沙門問佛：「以何因緣，得知宿命❶，會其至道？」

佛言：「淨心守志❷，可會至道。譬如磨鏡❸，垢去明存❹，當得宿命。」

【譯文】

有沙門問佛陀：「以什麼因緣能夠得知宿命，了解真實法性的道理？」

佛陀回答說：「清淨其心，堅守菩提心志，這樣可以了知真實法性的道理。這就像磨鏡子，污垢除去之後，心地的光明就出現了，應當得宿命通。」

【注釋】

❶宿命：過去世之命運。又稱「宿住」。即總稱過去一生、無量生中之受報差別、善惡苦樂等情狀。若能知此情狀，稱為「宿命通」。凡夫不知宿命，故常驕慢，不畏造惡果報，不精進於萬善。

❷淨心：即指由持戒以止息身三、口四的七支業，純為止惡行善而淨心。然世有行善而不止惡者，其善不淨，以七支業皆由心出，菩薩行即此心行故。凡人行為有三次序：一、審慮，二、決定，三、發動，故凡行為皆由意出，菩薩行以心為主，故表面雖似犯戒而心仍持戒者，仍可說持戒。反之，心不持戒，雖外面持戒亦非持戒。故大乘戒以心為主，稱為「心地戒」，順此而行可會至道。守志：指菩薩求無上菩提的志念。

❸磨：喻持戒。鏡：喻本心。

❹垢：喻煩惱。

第十四章　請問善大

本章講明善莫善於真修，大莫大於實證。持定共戒，在戒力未充時，依佛所說勉強力行，尚非真善，進至於得成堅固之定力，即不退轉，是即「定共戒」，稱為「行道守真」。如能常行菩薩道法，而守此禪定戒律相資之戒行，這樣稱為「最善」。志與道合者，徒有此志，尚未能有大德大智大力，必與無漏聖道相應，才稱為「最大」，即是「道共戒」。

沙門問佛：「何者為善？何者最大？」

佛言：「行道守真者善，志與道合者大。」

【譯文】

有沙門問佛陀：「什麼樣稱為善？什麼是最偉大的？」

佛陀回答說：「奉行佛道，持守真如法性者為善，志向與真如法性之道合者為最偉大。」

第十五章　請問力明

本章明忍辱力大，滅垢得一切智為明。「多力」指能動他法，不為他法所動。佛是有最大力者，因此稱為「十力尊」。世間凡夫皆隨環境流轉，不能自持，有大力者能由自力轉一切法，乃至轉塵垢世間為清淨佛土。最明者，指三明，即三達智。

沙門問佛：「何者多力？何者最明？」

佛言：「忍辱多力❶，不懷惡故，兼加安健。忍者無惡，必為人尊。心垢滅盡，淨無瑕穢，是為最明。未有天地，逮於今日；十方所有，無有不見，無有不知，無有不聞，得一切智❷，可謂明矣。」

【譯文】

沙門問佛陀：「什麼是力量大的？什麼是最明了的？」

佛陀世尊說：「能夠忍辱力量就大，這是因為忍辱能使人不懷惡心的緣故，兼加上其還能使人平安健康的緣故。修忍辱的行者沒有惡心，必然為人所尊重。心裡貪瞋癡等的污垢滅盡，心地淨無瑕穢，這是最為明了的。三世十方諸所有，無有不見，無有不知，無有不聞，獲得一切智，這可謂明了。」

【注釋】

❶忍辱：音譯「羼提」、「羼底」、「乞叉底」。意譯「安忍」、「忍」。忍耐之意。「六波羅蜜」之一，「十波羅蜜」之一。即令心安穩，堪忍外在之侮辱、惱害等，亦即凡加諸身心之苦惱、苦痛，皆堪忍之。據《瑜伽師地論》卷五十七載，忍辱含不忿怒、不結怨、心不懷惡意等三種行相。佛教持重忍辱，尤以大乘佛教為最，以忍辱為「六波羅蜜」之一，乃菩薩所必須修行之德目。忍有三種：一耐怨害忍，亦名「生忍」。二安受苦忍，亦名「法忍」。三諦察法忍，亦名「第一義忍」。今是約耐怨害而入第一義。

❷一切智：指了知內外一切法相之智。音譯為「薩婆若」、「薩云然」。係「三智」之一。關於其義，《仁王護國般若波羅蜜多經》卷下：「滿足無漏界，常淨解脫身，寂滅不思議，名為一

切智。」《瑜伽師地論》卷三十八「於一切界、一切事、一切品、一切時，智無礙轉，名一切智」。即如實了知一切世界、眾生界、有為、無為事、因果界趣之差別，及過去、現在、未來三世者，稱為「一切智」。又一切智對於一切種智有總、別二相之義，若依總義，則總稱「佛智」，義同「一切種智」。如《華嚴經．大疏》卷十六所載，如來以無盡之智，知無盡法，故稱「一切智」。若依別義，則一切智為視平等界、空性之智，此即聲聞、緣覺所得之智；一切種智為視差別界、事相之智，乃了知「平等相即差別相」之佛智。如《大智度論》卷二十七：「總相是一切智，別相是一切種智；因是一切智，果是一切種智；略說一切智，廣說一切種智。一切智者，總破一切法中無明暗；一切種智者，觀種種法門，破諸無明。（中略）佛自說一切智是聲聞、辟支佛事，道智是諸菩薩事，一切種智是佛事；聲聞、辟支佛但有總一切智，無有一切種智。」

第十六章　捨愛得道

本章明「六度」中的禪定度。在佛法中，大小諸乘均以修禪定為至要，修禪定者，即專注其心於一法中，久之心得統一之用。常人心散亂故不得安靜神通，致心失其功用，不能止害興利。能專心一致，可得禪定。另也說明人之心水本澄，即是至道；但因愛欲所攪，因此不能於一念中炳現十界影像。捨三界愛欲，見思垢盡，則能見道。

佛言：「人懷愛欲不見道者，譬如澄水，致手攪之，眾人共臨，無有覩其影者。人以愛欲交錯，心中濁興，故不見道。汝等沙門，當捨愛欲；愛欲垢盡，道可見矣。」

【譯文】

佛陀說：「人因懷有愛欲而不能見道，這就像澄水，用手去攪動，這樣眾人在水前就沒有人可以看到自己的影子了。人常常以愛欲交錯生起，心中則變為渾濁，因此就見不到道。你們沙門，應當捨去愛欲，愛欲的污垢除盡後，道就可以見到了。」

第十七章　明來暗謝

本章明根本智，見道所得。深顯無明無性，見道後即滅無明，依教法即文字般若，如信戒定觀察即為觀照般若，得到清淨無漏親證真如，則為實相般若。菩薩得此根本般若，始能起上行下化之後得般若。在未得根本智前為觀照般若，信本體智得大用智，得真般若謂之見道。

佛言：「夫見道者❶，譬如持炬入冥室中，其冥即滅，而明獨存。學道見諦❷，無明即滅❸，而明常存矣。」

【譯文】

佛陀說：「見道的行者，就像手持火炬進入暗室中，屋中黑暗立即就消滅了，而只有光明獨存。學習佛道見到真諦之時，無明就立刻消滅，而心中光明智慧就常存了。」

【注釋】

❶見道：又作「見諦道」、「見諦」。為修行之階位。與修道、無學道合稱為「三道」。即指以無漏智現觀「四諦」，見照其理之修行階位。見道以前者為凡夫，入見道以後則為聖者。其次，見道後更對具體之事相反覆加以修習之位，即是修道，與見道合稱「有學道」。相對於此，無學道又作「無學位」、「無學果」、「無學地」，意指既入究極之最高悟境，而達於已無所學之位。依小乘佛教，以修三賢、四善根等之準備修行（七方便）為始者，能生無漏智，而趨入見道。大乘則以初地為入見道，故稱「菩薩之初地為見道」，第二地以上為修道，至第十地與佛果方可稱「無學道」。密教以始生淨菩提心之位，稱為「見道」。以無漏智明白判斷道理者，稱為「決擇」（決斷簡擇），見道為決擇之一部分，故稱為「決擇分」。又悟入涅槃之境界或欲達到涅槃之聖道皆是正性，故特稱「見道」為「正性」。又因所有之聖道皆令離煩惱，稱為「離生」，見道令離異生（凡夫）之生，故特稱「見道」為「離生」；是故見道又稱「正性離生」、「正性決定」（決定必趣涅槃之意）。見道所斷（又作「見道斷」、「見所斷」）之煩惱，略稱「見惑」；修道所斷（又作「修道斷」、「修所斷」）之煩惱，略稱「修惑」。

❷ 諦：審實不虛之義。指真實無誤、永遠不變之事實，即真理。《增壹阿含經》卷十七載，如來所說之理法，真實不虛，稱為「諦」。

❸ 無明：為「煩惱」之別稱。不如實知見之意；即暗昧事物，不通達真理與不能明白理解事相或道理之精神狀態。亦即不達、不解、不了，而以愚癡為其自相。泛指無智、愚昧，特指不解佛教道理之世俗認識。為「十二因緣」之一。又作「無明支」。俱舍宗、唯識宗立無明為心所（心之作用）之一，即稱作「癡」。

第十八章　念等本空

本章是說後得智，因在根本智後而獲得，因此稱為「後得」。根本智是證道智體，後得智是所起智用。這裡的法者，是非佛不成就之法。初歡喜地以上的菩薩僅能成就少分，此大乘不共般若所成就之法，只有佛與菩薩能夠成就，因此文中說「吾法」。此法無念無行無言無修，然無念而未嘗無念，無行而未嘗無行，無言而未嘗無言，無修而未嘗無修，在常人視之，認為是犯矛盾律，這裡並不是以任何學理定例方式來說，是超出言詮的不可思議境。也就是言語道斷，心行處滅。

佛言：「吾法念無念念❶，行無行行❷，言無言言❸，修無修修❹；會者近爾，迷者遠乎！言語道斷❺，非物所拘，差之毫釐，失之須臾。」

【譯文】

佛陀說：「我的教法以無念為念，以無行為行，以無言為言，以無修為修；領會明白的人與道很近，迷惑的人則與道很遠！超越言語表達，非言語境界，此言語道斷，心行處滅，不被物所拘，此中只要相差一毫一釐，很快就失去了與道相應。」

【注釋】

❶ 無念：「無妄念」之意，指意識未存世俗之憶想分別，而符於真如之念。被視為「八正道」中之正念。《禪源諸詮集都序》卷二載，覺諸相空，心自無念，念起即覺，覺之即無，此即修行之妙法，故雖備修萬行，唯以無念為宗。《傳心法要》亦謂，一念不起，即十八界空，即身便是菩提華果，即心便是靈智。

❷ 行無行行：初地菩薩萬行齊修，上求佛道下化眾生，一心中萬行精進以趨佛果，以菩提心為利濟眾生而起行故，雖然至果圓滿但利人之行無盡。這裡凡能所行都稱為「行」，行由眾緣起故一切本空皆無自性，故曰「行無行」。無行而萬行具足，故曰「無行行」。

❸ 言無言言：佛菩薩化導眾生以言說為主，名字言說皆為眾生思想而立，以破除眾生謬妄思想故。然不能以之得佛菩薩無分別智，證清淨諸法實相，以諸法實相離言說故。但佛為度生不能無言，故仍有言說，然言說中並無諸法實相，但有名言都無實義，因此說「言無言」。然破眾生妄執

時，仍有其方便之用，因此說「無言言」。

❹修無修修：修指修習，即學習、練習的意思，無論什麼事皆可以稱為「修」。初地菩薩稱為「修習位」，以雖達佛法而未練習成熟。佛果自位已無所修，但還教他人修。此修空無所得，因此說是無得不可思議智。雖無實體可得，然亦非無眾緣所起種種修習之事，因此說「無修修」。

❺言語道斷：又作「語言道斷」、「言語道過」、「名言道斷」。謂言語之道斷絕，即「言語思想所不能及」之意。舊譯《華嚴經》卷五云：「遠離取相真實觀，得自在力決定見，言語道斷行處滅。」《大智度論》卷五云：「言語已息，心行亦滅。」此語常與「心行處滅」一詞連用。心行處滅，意指心行之處滅絕，謂遠離概念思維之情境。

第十九章　假真並觀

從本章開始到二十六章說明般若加行，佛開示教化，依教明理，依理起觀，般若中之觀照般若即由文字般若而修，在此過程中加以猛厲之修行，稱為「加行」。本章明無常觀與唯心識觀，遣虛存實。

佛言：「觀天地，念非常❶；觀世界，念非常；觀靈覺❷，即菩提。如是知識，得道疾矣！」

【譯文】

佛陀說：「觀察天的寒暑代謝，觀察地的陵谷遞遷，念無常；觀察遷流不住的三世，互對無定的十方世界，念無常；觀現前靈覺真如，離我法二執，即是菩提性。像這樣用心觀察諸器世界之無常和了知真如心識，那麼得道就很快了！」

【注釋】

❶非常：即無常，為「常住」之對稱。即謂一切有為法生滅遷流而不常住。一切有為法皆由因緣而生，依生、住、異、滅四相，於剎那間生滅，而為本無今有、今有後無，故總稱「無常」。據《大智度論》卷四十三舉出兩種無常，即：㈠念念無常，指一切有為法之剎那生滅。㈡相續無常，指相續之法壞滅，如人壽命盡時則死滅。《顯揚聖教論》卷十四〈成無常品〉，舉出無性無常、失壞無常、轉異無常、別離無常、得無常、當有無常等六種；另舉出剎那門、相續門、病門、老門、死門、心門、器門、受用門等八種無常。又《大乘阿毘達磨雜集論》卷六則明示十二種無常之相，即非有相、壞滅相、變異相、別離相、現前相、法爾相、剎那相、相續相、病等相、種種心行轉相、資產興衰相、器世成壞相。另《入楞伽經》卷七〈無常品〉中載有外道之八種無常。

❷觀靈覺：即是觀心即佛，觀現前一念靈覺之性，即離我法二執。也是最細之無常，即盡未來際相

續之常，亦即佛法常樂我淨之常。其實庵摩羅識亦是生滅相續，不過其生滅盡未來際，均恆湛然相續故是常，此觀即是觀靈覺即菩提。由粗無常觀則對世界無貪愛，由最細觀則證佛果，因此說得道很快。

第二十章　推我本空

上章講的是無常觀，此章說明的是無我幻化觀。也是說明諸法無我之義。觀身由「四大」——地水火風——所合成，分開「四大」各自有各自的名，如果執此是我，則我是「四大」合成；如果說「四大」是我，則處處是「四大」，也就無處非我，既無處非我則我與非我都不能成立。這是從生空來說諸法無我。本章通過四大觀身，而入如幻法門。

佛言：「當念身中四大❶，各自有名，都無我者❷；我既都無，其如幻耳❸。」

【譯文】

佛陀說：「應當念身中的地、水、火、風四大，各自有各自名，但都沒有一個我的存在，我既然都沒有，那麼此身就如幻化一樣。」

【注釋】

❶ 四大：為「四大種」之略稱。又稱「四界」。佛教之元素說，謂物質（色法）係由地、水、火、風等四大要素所構成。即：㈠本質為堅性，而有保持作用者，稱為「地大」。㈡本質為濕性，而有攝集作用者，稱為「水大」。㈢本質為暖性，而有成熟作用者，稱為「火大」。㈣本質為動性，而有生長作用者，稱為「風大」。積聚「四大」即可生成物質，故「四大」又稱「能造之色」、「能造之大種」；被造作之諸色法，則稱「四大所造」。又四大種之「大」，意即廣大，具有下列三義：㈠四大種之體性廣大，遍於一切色法，故有「體大」之義。㈡四大種之形相廣大，如大山、大海、大火、大風等，故有「相大」之義。㈢四大種之事用廣大，如水、火、風三災及任持大地之地大等，故有「用大」之義。而四大種之「種」，則以此「四大」為一切色法所依之性，具有能生、因等義，如父母為子女所依，然父母亦具有能生之因，故稱為「種」；而由「四大」所產生（造）之物質（如五根、五境等），與「四大」之關係，如同親子，而各自獨立存在。元素之「四大」，因為具有生因、依因、立因、持因、養因，故稱「能造之色」。

❷ 無我：又作「非身」、「非我」。我，即永遠不變（常）、獨立自存。中心之所有主（主）、具有支配能力（宰），為靈魂或本體之實有者。主張所有之存在無有如是之我，而說無我者，稱為「諸法無我」；觀無我者，稱為「無我觀」。無我係佛教根本教義之一，於「三法印」中，即有「無我印」。通常分為人無我、法無我兩種：㈠有情（生者）不外是由五取蘊（即構成凡夫生存的物心兩面之五要素）假和合而成，別無真實之生命主體可言，稱為「人無我」，又稱「我空」。㈡一切萬法皆依因緣（各種條件）而生（假成立者），其存在本來即無獨自、固有之本性（自性）可言，稱為「法無我」，又稱「法空」。

❸ 如幻：也為《大品般若經》所舉十喻之一。幻，幻師以種種技法變現象、馬、人物等，使人如實見聞，稱為「幻」；然此幻相幻事皆空而非實，故以之比喻一切諸法皆空，猶如幻相般之無實。

第二十一章　名聲喪本

本章說明「五欲」中的名欲過患，對於好名的人，不僅沒有益處，而且深有過患。

佛言：「人隨情欲，求於聲名❶；聲名顯著，身已故矣。貪世常名，而不學道，枉功勞形。譬如燒香，雖人聞香，香之燼矣；危身之火，而在其後。」

【譯文】

佛陀世尊說：「人隨順情欲，追求於聲名；雖然聲名顯著了，但是身體已經老了，快死了。貪圖世間的常名，而不修學佛道，枉費了功夫和勞累了形體。這就如燒香，雖然人都聞到香味，但是香自身也就燒盡了；人追求聲名也如此，聲名顯著了，而危害自身之火，緊隨其後。」

【注釋】

❶ 聲名：即名欲，指貪求聲名之欲。據《大明三藏法數》卷二十四載，名，即世間之聲名。因聲名能顯親榮己，故令人貪求樂著而不知止，此即為名欲。

第二十二章　財色招苦

本章專門說財色，因財色是人最貪著之物，舉刀刃之蜜來比喻其中的厲害關係。本章僅舉財色，也意有涵蓋其他名、食、睡諸欲。

佛言：「財色於人❶，人之不捨；譬如刀刃有蜜，不足一餐之美。小兒舔之，則有割舌之患。」

【譯文】

佛陀說：「財色對於人，人人不捨；這譬如刀刃上有蜂蜜，這僅是不能滿足一頓飯的美味。如果小兒用舌頭舔於此刀刃，則會有割舌的禍患。」

【注釋】

❶財色：「五欲」中的兩種。財欲、色欲、飲食欲、名欲、睡眠欲共稱為「五欲」。即㈠財欲，財即世間一切之財寶。謂人以財物為養身之資，故貪求戀著而不捨。㈡色欲，色即世間之青、黃、赤、白及男女等色。謂人以色悅情適意，故貪求戀著，不能出離三界。㈢飲食欲，飲食即世間之肴膳眾味。謂人必借飲食以資身活命，故貪求戀著而無厭。㈣名欲，名即世間之聲名。謂人由聲名而能顯親榮己，故貪求樂著而不知止息。㈤睡眠欲，謂人不知時節，怠惰放縱，樂著睡眠而無厭。

第二十三章　妻子甚獄

以上兩章通訶五欲，從本章起以下四章，別訶色欲。要達無我觀，必先離色欲始能出家證道果。人心所繫主要是家屬和家財。本章中妻子包括一切家屬，舍宅包括一切財產。妻子來源於色欲，因色欲根深，從而於妻子沒有遠離的念頭。因此說其束縛之固就如同牢獄。

佛言：「人繫於妻子舍宅❶，甚於牢獄。牢獄有散釋之期，妻子無遠離之念。情愛於色，豈憚驅馳？雖有虎口之患，心存甘伏。投泥自溺❷，故曰凡夫；透得此門，出塵羅漢。」

【譯文】

佛陀說：「人被妻子、兒女、舍宅繫縛住，這比牢獄繫縛人還厲害。牢獄還有解散釋放的時候，但是對於妻子兒女沒有遠離的念頭。由於情感和愛情的緣故對於色貪戀不捨，怎麼會害怕被其所驅馳呢？雖然有落入虎口的禍患，但心甘意願地投到泥潭裡，自己沉溺自己，因此稱為凡夫。透得過對妻子、兒女、舍宅的情愛之門，方可稱為出塵阿羅漢。」

【注釋】

❶ 妻子舍宅：此可擴充來說，欲界以男女眷屬為妻子，種種宮殿為舍宅。色界以味禪為妻子，四禪天為舍宅。無色界以癡定為妻子，四空天為舍宅。二乘以一解脫味為妻子，偏真涅槃為舍宅。權教以遊戲神通為妻子，出真涉俗為舍宅。透得空有兩門，才能成就中道無生之果。

❷ 投泥自溺：喻為色欲之苦。

第二十四章　色欲障道

本章講色欲是諸欲中為害最大的，在修道上此為眾生的重病。

佛言：「愛欲莫甚於色，色之為欲❶，其大無外。賴有一矣，若使二同，普天之人，無能為道者矣！」

【譯文】

佛陀說：「愛欲中沒有比對於女色的貪愛還有更深的，女色作為欲望沒有別的比它大的。幸虧只有這樣的一個色欲，如果有相同厲害的兩個，那麼普天之下，就沒有人能夠行道的了！」

【注釋】

❶「愛欲」二句：凡愛著於青黃長短等色境，惑動於男女間之色情，均稱為「色欲」。此處說的色欲主要指男女之間的淫欲。《圓覺經》載，諸世界一切種性，無論卵生、胎生、濕生、化生，皆因淫欲而延續種族生命。律典中以淫欲雖不惱眾生，然能繫縛修行者之心，故佛陀制戒禁之。經論中，比喻淫欲如火能燒心，稱為「淫欲火」；或比喻淫欲傷身如病，稱為「淫欲病」。《摩訶止觀》卷四下：「如禪門中所說，色害尤深，令人狂醉，生死根本良由此也。」

第二十五章　欲火燒身

本章講愛欲的過患，喻為習近愛欲，必有損淨法身之患。

佛言：「愛欲之人，猶如執炬，逆風而行，必有燒手之患。」

【譯文】

佛陀世尊說：「對於縱欲貪愛的人，就像手執火炬，逆風而行走，必然有燒壞自己手的過患。」

第二十六章　天魔嬈佛

在釋迦應化事蹟中，佛將成道時，有第六天天魔來擾佛。此魔主持欲界最勝妙五欲，因佛陀專在出離欲界，魔王嫉妒便獻玉女於佛陀，以此來壞佛的道行，佛陀以幻化力示諸玉女身之不淨，從而降服此魔。本章所說，不一定是佛陀成道過程中所遇的天魔。說明佛不被魔嬈，還能化魔。也宣說了觀女身之不淨，能除淫意，從而自利利他。

天神獻玉女於佛❶，欲壞佛意。佛言：「革囊眾穢❷，爾來何為？去！吾不用。」天神愈敬，因問道意。佛為解說，即得須陀洹果。

【譯文】

天神魔王波旬獻美妙的玉女給佛陀，想使佛陀生起淫欲，破壞修道的意願。佛陀對此說：「這是皮囊裡盛著的眾污穢物，你送來有何作為呢？回去吧！我不會用的。」天神魔王波旬從而對佛陀愈加恭敬，因此向他請問修學之道。佛陀就為其解說，天神魔王波旬即得須陀洹果。

【注釋】

❶ 天神：即魔王波旬，欲界第六天之他化自在天主，他常率眷屬向人界作為佛道的障礙。但從大乘法門來看，則是深位的菩薩，以大方便力現為魔王，教化眾生。《楞嚴經》卷六中說：「若不斷淫，必落魔道：上品魔王，中品魔民，下品魔女。」而《維摩詰經》的〈不思議品〉中說：「維摩詰語大迦葉：仁者，十方無量阿僧祇世界中作魔王者，多是住不可思議解脫菩薩，以方便力故，教化眾生，現作魔王。」

❷ 革囊眾穢：此為觀身不淨。身之不淨有五種：⑴子不淨，指父母之赤白二諦種子不淨。⑵住處不淨，胎內十月住於母之髒中，故不淨。⑶自相不淨，出生後於不淨中起臥。⑷自性不淨，自身中之骨髓、毛孔，臭如死狗。⑸究竟不淨，命終後手足分散是為不淨。

第二十七章　無著得道

本經的「六度」次序與一般有所不同，大乘法中「六度」次序，一種是般若（智慧）在後，一種是精進在後。本經的安排就是精進在後。在華嚴會上，文殊菩薩表大乘的般若智，普賢菩薩表大乘精進，而毘盧遮那表大乘圓滿果。即大乘之境行果圓滿表現。「六度」中般若在後表文殊智，精進在後表普賢行，本經精進在後是為華嚴義。學佛者由誦經聞法了諸法性相之諸法實相，獲得文字般若智；而後由此精進始可得普賢萬行。

本章初明精進的正體，為披甲精進，喻明學道要遠離諸障，正念真如而精進，了達無為，方可得道。

佛言：「夫為道者，猶木在水❶，尋流而行❷。不觸兩岸❸，不為人取❹，不為鬼神所遮❺，不為洄流所住❻，亦不腐敗❼；吾保此木，決定入海❽。學道之人，不為情欲所惑，不為眾邪所嬈，精進無為；吾保此人，必得道矣！」

【譯文】

佛陀說：「修道的行者，猶如木頭漂在水中，順著水流而行。不碰觸到兩岸而被截止，也不被人所取走，不被鬼神所遮，也不被周旋的洄流所住，流動中也不腐敗；我保證此木頭必定會流入大海。學道的人不被情欲所迷惑，不被眾邪知邪見所阻撓，精進無為，我保證此人必定得道！」

【注釋】

❶木：比喻「五蘊」的身心報體。水：比喻「六度」的法流水。

❷尋流而行：喻持此五陰之身循道而行。

❸兩岸：比喻兩重障礙：一是凡夫愛物，二是外道邪見。凡夫因滯物而不能出離塵欲，雖有有欲脫塵修道的，但因為佛法難聞的緣故，而轉生為外道邪見；不觸此岸，即觸彼岸。這即是「斷常二見」，凡夫計斷，外道計常。也可喻為「有空二見」，凡夫情愛之見是執有，外道虛無之見是執空。因此依佛法中道而行，而不觸此兩岸。

❹不為人取：比喻不落人天道。

❺不為鬼神所遮：比喻不落鬼神界。

❻不為洄流所住：比喻不墮輪迴。

❼亦不腐敗：比喻精進不退。

❽海：比喻大圓覺無上菩提海。

第二十八章　意馬莫縱

本章誡意馬難調，色禍宜避。凡夫意通第六意識和第七末那識，都有我法二執，煩惱不斷，因此不可信。凡夫與色會能觸動情愛之欲，有礙修道。證阿羅漢，離煩惱去我執，能如實知見，方可信自意。

佛言：「慎勿信汝意❶，汝意不可信；慎勿與色會，色會即禍生。得阿羅漢已，乃可信汝意。」

【譯文】

佛陀說：「謹慎不要相信你的意念，你的意念是不可相信的；謹慎不要執著於色相上，執著於色相就會產生禍患。獲得阿羅漢果位後，才可以相信你的意念。」

【注釋】

❶ 意：這裡意通第六意識和第七末那識。《唯識論》五曰：「薄伽梵，處處經中說心、意、識。三種別義，集起名心，思量名意，了別名識。是三別義。」《俱舍論》四曰：「集起故名心，思量故名意，了別故名識。心意識三名，所詮義雖異，而體是一如。」

第二十九章　正觀敵色

本章說明遠女色預防過失，並說生善滅惡的方便。先是以蓮花出淤泥不染正念自利，後以如母如姊如妹如子而度脫之，則為慈心利他，這樣自利利他，惡念自然息滅。另從精進度來說，此為已成之惡當令息滅，未生之惡當令不生；已生之善助之增上，未生之善助令生長，這是精進的正行。

佛言：「慎勿視女色，亦莫共言語。若與語者，正心思念：我為沙門，處於濁世，當如蓮華❶，不為泥污。想其老者如母，長者如姊，少者如妹，稚者如子。生度脫心，息滅惡念。」

【譯文】

佛陀說：「謹慎不要觀察女色，也不要與其共說話。若與其說話，應正心思念：我是沙門，處於濁世之中，應當像蓮花一樣，不被淤泥所染。觀想老者就像是自己母親一樣，比己年長的就像姊姊一樣，比自己年少的就像妹妹一樣，幼稚的就像自己女兒一樣。心裡生起度脫她的心，這樣自然就息滅了邪惡的念頭。」

【注釋】

❶ 蓮華：即蓮花。印度古來即珍視此花。據印度史詩《摩訶婆羅多》所述，天地開闢之始，毘濕笯之臍中生出蓮花，花中有梵天，結跏趺坐，創造萬物；又毘濕笯及其配偶神皆以蓮花為表徵，或以蓮花為「多聞天之七寶」之一。佛教亦珍視之，如佛及菩薩大多以蓮花為座。據《除蓋障菩薩所問經》卷九載，蓮花出淤泥而不染，妙香廣布，令見者喜悅、吉祥，故以蓮花比喻菩薩所修之十種善法。即：㈠離諸染污，謂菩薩修行，能以智慧觀察諸境，而不生貪愛，雖處五濁生死流中亦無所染，譬如蓮花之出淤泥而不染。㈡不與惡俱，菩薩修行滅惡生善，為守護身、口、意三業之清淨，而不與絲毫之惡共俱，譬如蓮花雖微滴之水而不停留。㈢戒香充滿，菩薩修行，堅持諸戒律而無犯，以此戒能滅身口之惡，猶如香能除糞穢之氣，譬如蓮花妙香廣布，遐邇皆聞。㈣本體清淨，菩薩雖處五濁之中，然因持戒，得使身心清淨無染著，譬如蓮花雖處淤泥中，然其體自

然潔淨而無染。(五)面相熙怡，菩薩心常禪悅，諸相圓滿，使見者心生歡喜，譬如蓮花開時，令諸見者心生喜悅。(六)柔軟不澀，菩薩修慈善之行，然於諸法亦無所滯礙，故體常清淨，柔軟細妙而不粗澀，譬如蓮花體性柔軟潤澤。(七)見者皆吉，菩薩善行成就，形相莊嚴美妙，見者皆獲吉祥，譬如蓮花芬馥美妙，見者及夢見者皆吉祥。(八)開敷具足，菩薩修行功成，智慧福德莊嚴具足，譬如蓮花開敷，花果具足。(九)成熟清淨，菩薩妙果圓熟而慧光發現，能使一切見聞者，皆得六根清淨，譬如蓮花成熟，若眼睹其色，鼻聞其香，則諸根亦得清淨。(十)生已有想，菩薩初生時，諸天人皆悅樂護持，以其必能修習善行，證菩提果，譬如蓮花初生時，雖未見花，然諸眾人皆已生有蓮花之想。

第三十章　欲火遠離

本章說應遠離諸欲，而不被欲火所燒害。

佛言：「夫為道者，如被乾草❶，火來須避❷。道人見欲，必當遠之。」

【譯文】

佛陀說：「學道的人，像披著乾草一樣，遇火來必須迴避。修道之人見欲，也是這樣必當遠離欲望。」

【注釋】

❶ 乾草：喻為六情根。

❷ 火：喻為六塵境。

第三十一章　心寂欲除

本章說明身、口、意三業都是由心所造，應從心上止息，而不可以由身上強制止息。

佛言：「有人患淫不止，欲自斷陰。佛謂之曰：『若斷其陰，不如斷心。心如功曹，功曹若止，從者都息。邪心不止，斷陰何益？』」

佛為說偈❶：

欲生於汝意，意以思想生；

二心各寂靜，非色亦非行。

佛言：「此偈是迦葉佛說。」

【譯文】

佛陀說：「有人患上淫欲的毛病而不能停止，想自斷男根來制止。佛陀對他說：『如果要斷除自己的男根，不如斷自己的心。心就像掌管人事的功曹官，功曹官如果都停止了作業，那麼其隨從也就都停息了作業。淫欲的邪心如果不停止，那麼斷除陰根有什麼用呢？」

佛陀為這人說偈為：

欲生於汝意，意以思想生；

二心各寂靜，非色亦非行。

佛陀世尊說：「此偈是迦葉佛所說的。」

【注釋】

❶偈意為：與我執相應恆審思量的意，是不可信之意，這意也是由思想所產生的。思是五遍行心所中的思心所。想即為思之邊際，從而想此是此法而非彼法，彼是彼法而非此法；以由思心所中活動造作，而成為恆審思量我法執之意。所以說欲生於汝意，意以思想生。二心各寂靜指思心想心除我法執，不在相中有我法執，亦不由我法二執造一切業。非色亦非行者，指不由想心想像因此稱為「非色」；不由思心造作因此稱為「非行」。即為無色無行的意思。

第三十二章　我空怖滅

本章講憂慮恐怖繫於愛欲，指眾生從無始以來，妄認「四大」為自己的身相，妄認為六塵緣影為自己的心相，執著貪戀而不肯暫捨，於是產生種種憂惱、種種恐怖。如果能斷愛欲，憂怖則自除。

佛言：「人從愛欲生憂，從憂生怖；若離於愛，何憂何怖？」

【譯文】

佛陀說：「人從愛欲生出憂慮，從憂慮生出恐怖；如果能離開愛欲，那有什麼可以憂慮，有什麼可以恐怖的呢？」

第三十三章　智明破魔

本章說明披甲精進相。學道之人的正覺心，要戰勝無明煩惱之心，就像一人與萬人戰；如果沒有堅固的信心，會把持不定，容易被惡意所轉，因此舉此喻來明之。

佛言：「夫為道者，譬如一人與萬人戰❶。掛鎧出門，意或怯弱，或半路而退❷，或格鬥而死❸，或得勝而還❹。沙門學道，應當堅持其心，精進勇銳，不畏前境，破滅眾魔，而得道果。」

【譯文】

佛陀說：「修學佛道的行者，譬如一人和萬人作戰。披著鎧甲出門，意志或有怯弱的，或有半路而退的，或有格鬥而死的，或有得勝而還的。沙門學道，應當堅持其心，精進勇銳，不畏各種境界，破滅內外眾魔，從而獲得道果。」

【注釋】

❶「譬如」句：專精學道之心，喻為一人。無始虛妄諸惑習氣，喻為萬人。

❷半路而退：比喻中途轉念。

❸格鬥而死：喻修行人不能奮勉，為煩惱所戰勝失其菩提心。

❹得勝而還：喻得道果。

第三十四章　處中得道

本章明攝善精進，共有二章。前面所說披甲精進只能除惡，這裡專明精進行中的所成善法。說明學道應以調和安適為主，須善調身心，緩急均不可。

沙門夜誦迦葉佛遺教經❶，其聲悲緊，思悔欲退。佛問之曰：「汝昔在家，曾為何業？」對曰：「愛彈琴！」佛言：「弦緩如何？」對曰：「不鳴矣！」「弦急如何？」對曰：「聲絕矣！」「急緩得中如何？」對曰：「諸音普矣！」佛言：「沙門學道亦然，心若調適，道可得矣。於道若暴，暴即身疲；其身若疲，意即生惱；意若生惱，行即退矣；其行既退，罪必加矣。但清淨安樂，道不失矣！」

【譯文】

沙門前半夜誦讀迦葉佛的遺教經，其聲音悲傷和緊張，見學道艱難，思悔想退卻。佛陀問這位沙門說：「你往昔在家裡，曾經做過什麼事情？」沙門回答說：「喜愛彈琴！」佛陀再問他說：「弦太鬆的時候怎樣？」沙門回答說：「琴就不響了！」「弦太緊的時候怎樣？」沙門回答說：「聲音太尖銳了，音樂就出不來！」「那麼鬆緊適中怎樣？」沙門回答說：「諸音調就準了，和諧了。音樂也就出來了！」佛陀說：「沙門學道也是如此，心如果調適，道也就可以獲得了。修道如果太猛，猛則會身疲；如果身疲，意就會生惱；意如果生惱，修行就會退步了；修行既然退步，那麼罪過必然會增加。只要心地清淨，安樂守道，道就不會丟失的！」

【注釋】

❶ 迦葉佛：又作「迦葉波佛」、「迦攝波佛」、「迦攝佛」。意譯作「飲光佛」。乃釋尊以前之佛，為過去七佛中之第六佛，又為現在賢劫千佛中之第三佛。傳說為釋迦牟尼前世之師，曾預言釋迦將來必定成佛。遺教經：佛垂滅時之遺誡。釋迦在迦葉佛時為護明菩薩，及迦葉滅度釋迦成佛，故迦葉佛遺教經，釋迦能傳之。另沙門是上午乞食，下午聽法，前半夜讀誦經典，中夜養息，後夜修禪定，此應為晚上誦經。

第三十五章　垢淨明存

本章也是說攝善精進，喻明垢染不可不除，除去垢染即成清淨。

佛言：「如人鍛鐵，去滓成器❶，器即精好。學道之人，去心垢染，行即清淨矣❷！」

【譯文】

佛陀世尊說：「像人鍛鐵，去除渣滓而成器皿，器皿就會精好。學道之人，去除心地的垢染，所行就會清淨了！」

【注釋】

❶ 滓：喻五陰。由凡夫至菩薩都是五陰諸法；眾生五陰諸法是垢染的五陰諸法，佛菩薩五陰諸法是清淨的五陰諸法。

❷「去心」兩句：即解行之心能將眾生垢染五陰之心，鍛鍊成為清淨五陰之心。

第三十六章　展轉獲勝

本章說明利樂精進，以輾轉（展轉）明修學佛法之難得，予以警人，使不失良緣。

佛言：「人離惡道❶，得為人難；既得為人，去女即男難❷。既得為男，六根完具難；六根既具，生中國難❸；既生中國，值佛世難；既值佛世，遇道者難；既得遇道，與信心難；既與信心，發菩提心難❹；既發菩提心，無修無證難。」

【譯文】

佛陀說：「人要離開地獄、餓鬼、畜生諸惡道，得生為人很難；既得為人身，脫去女身而能成為男身很難；既得男身，眼耳鼻舌身意六根完備很難；六根既然完備，出生於具有聖賢教化的中央之國很難；既生於中央之國，遇到佛法住世很難；既遇到佛法住世，但遇通達佛道的善知識很難；既遇通達佛道的善知識，生起信心很難；既生起信心，發起菩提心很難；既發菩提心，獲得無修無證的道果很難。」

【注釋】

❶ 惡道：為「善道」之對稱。與「惡趣」同義。道，為通之義。即指生前造作惡業，而於死後趨往之苦惡處所。係對所趨之依身及器世界之總稱，主要指地獄。在「六道」之中，一般以地獄、餓鬼、畜生三者稱為「三惡道」，阿修羅、人間、天上則稱為「三善道」。

❷ 「既得」兩句：同樣生為人，依業報關係而分為男和女，因男子能做種種事業而女子不能，因此去女即男難。在《法華經》上卷四載，舍利弗不知龍女是大乘根器，宿習圓因而得成佛，以為例同報障女流，故說女有五障。然說此五障者，欲令女人知有此障，即當發菩提心，行大乘行，早求解脫。五障指：㈠不得做梵天王，梵天於因中修持善戒，得獲勝報而為天王。若女人身器欲染，則不得做梵天王。㈡不得做帝釋，帝釋勇猛少欲，修持善戒，報為天主。若女人雜惡多欲，則不得做帝釋。㈢不得做魔王，魔王於「因位」十善具足，尊敬三寶，孝奉二親，報生欲界他化自在天而做魔王。若女人輕慢嫉妒，不順正行，則不得做魔王。㈣不得做轉輪聖王，轉輪聖王於

因中行十善道，慈愍眾生，報做輪王。若女人無有慈愍淨行，則不得做轉輪聖王。㈤不得做佛，如來行菩薩道，愍念一切，心無染著，乃得成佛。若女人之身口意業受情欲纏縛，則不得做佛。男女相從究竟來說幻化的，如《維摩詰經》之舍利弗與天女幻變。

❸ 中國：這裡指中央之國，與野蠻邊地相對。中國表有聖賢教法之國，但不必是世出世間法兼具。

❹ 菩提心：求無上菩提之心。詳稱「阿耨多羅三藐三菩提心」。又稱「無上菩提心」、「無上道心」、「無上道意」，或略稱「道心」、「道意」、「覺意」。此菩提心為一切諸佛之種子，是淨法長養之良田，若發起此心，勤行精進，則得速成無上菩提。蓋此菩提心乃大乘菩薩最初必發起之大心；生起此心稱為「發菩提心」，略稱「發心」、「發意」；最初之發心，則稱「初發心」、「新發意」，為菩提之根本。《大智度論》卷四十一云：「菩薩初發心、緣無上道，我當作佛，是名菩提心。」此菩提心之內容，即「眾生無邊誓願度，煩惱無盡誓願斷，法門無量誓願知，佛道無上誓願證」之四弘誓願，前一為利他之願心，後三為自利之願心。要言之，此心即是二利之願心，其體廣大，其德無邊。故諸經論廣歎其德以勸發行者。舊譯《華嚴經》卷五十九云：「菩提心者，則為一切諸佛種子，能生一切諸佛法故。菩提心者，則為良田，長養眾生白淨法故。菩提心者，則為大地，能持一切諸世間故。菩提心者，則為淨水，洗濯一切煩惱垢故。菩提心者，則為大風，一切世間無障礙故。菩提心者，則為盛火，能燒一切邪見愛故。菩提心者，則為淨日，普照一切眾生類故。菩提心者，則為明月，諸白淨法悉圓滿故。」

第三十七章　念戒近道

本章講持戒，能持戒者自身即是佛身。戒乘以定慧，乘戒齊進，大乘行始能成就。另明心近則近，心遠則遠，而不以形跡論遠近。

佛言：「佛子離吾數千里，憶念吾戒❶，必得道果。在吾左右，雖常見吾，不順吾戒，終不得道。」

【譯文】

佛陀說：「佛子雖然離開我數千里，常常憶念我所制定的戒律，必然獲得道果。有的人在我左右，雖然常見到我，但不順從我的戒律，最終不能得道。」

【注釋】

❶戒：音譯「尸羅」。意指行為、習慣、性格、道德、虔敬。為「三學」之一，「六波羅蜜」之一，「十波羅蜜」之一。廣義而言，凡善惡習慣皆可稱之為「戒」，如好習慣稱「善戒」（又作「善律儀」），壞習慣稱「惡戒」（又作「惡律儀」），然一般限指淨戒（具有清淨意義之戒）、善戒，特指為出家及在家信徒制定之戒規，有防非止惡之功用。

第三十八章　生即有滅

本章講無常觀，說明人命無常，在出息入息之間剎那剎那生滅。此中佛陀三問沙門，三答「無常」。最初答「數日間」雖然已聽聞無常法，但是太粗未能明了；次答「飯食間」已觀察微細，進了一步；最後答「呼吸間」最切佛意。於此人命無常時時觀照可契於道。

佛問沙門：「人命在幾間❶？」

對曰：「數日間！」

佛言：「子未知道！」復問一沙門：「人命在幾間？」

對曰：「飯食間！」

佛言：「子未知道！」復問一沙門：「人命在幾間？」

對曰：「呼吸間❷！」

佛言：「善哉，子知道矣！」

【譯文】

佛陀問沙門說：「人的生命在多長時間內？」

沙門回答說：「只是數日時間！」

佛陀說：「你還是沒有懂得道的奧義！」再問一沙門：「人的生命在多長時間內？」

沙門回答說：「只是一頓飯的時間！」

佛陀說：「你還是沒有懂得道的奧義！」再問一沙門：「人的生命在多長時間內？」

沙門回答說：「只是在一呼一吸之間！」

佛陀說：「很好啊！你已經明白道了！」

【注釋】

❶命：命根，即有情之壽命。俱舍宗、唯識宗以之為心不相應行法之一，亦為「俱舍七十五法」之一，「唯識百法」之一。由過去之業所引生，有情之身心在一期（從受生此世以至死亡）相續

之間，維持暖（體溫）與識者，其體為壽；換言之，依暖與識而維持一期之間者，即稱為「命根」。

❷ 呼吸間：一期色心連持不斷，稱為「命根」，但這是依本識的種子假立而有，非有實法。出息雖存，入息難保，何況剎那剎那的念念生滅，次要沉思諦觀而得。

第三十九章　教誨無差

前面以說三乘共教行果，五乘善惡通義，大乘不共勝行，都是別明其行果，以下三章是總明證果之法。即能信此教，能心解此理，能直心行道，可得阿羅漢果乃至佛果。本章說明對於佛陀所開示的教法都應該信順，佛所說都是所明的一切法的真實相。不應妄分大小權實頓漸而生輕重之心。佛陀言教，不出權實，為實施權，開權顯實。如《法華經》所說，三乘道實是一乘道。

佛言：「學佛道者，佛所言說，皆應信順❶。譬如食蜜，中邊皆甜，吾經亦爾。」

【譯文】

佛陀說：「修學佛道的行者，對於佛陀所有的言說，都應該信順。這就像吃一盂中的蜜一樣，中間和邊上都是甜的，我所說的經典也是如此。」

【注釋】

❶信順：指信受所聞之法而隨順之。信，音譯「舍羅馱」。心所（心之作用）之名。為「七十五法」之一，亦為「百法」之一。為「不信」之對稱。即對一對象，能令其心與心之作用產生清淨之精神作用，故「唯信能入」為進入佛道之初步。俱舍宗立為「十大善地法」之一，唯識宗則立為善心所之一。反之，則稱為「不信」，為俱舍宗「十大煩惱地法」之一、唯識宗則為「八大隨煩惱」之一。《成唯識論》卷六：「云何為信？於實、德、能，深忍、樂、欲，心淨為性，對治不信，樂善為業。」

第四十章　行道在心

本章明行道在心不在行，修行以心道為主。修行次第上應先明理，以正當理解而起之修行始為正行。這樣可以避免身行而心不行。

佛言：「沙門行道，無如磨牛❶，身雖行道，心道不行。心道若行，何用行道？」

【譯文】

佛陀說：「沙門修行學道不應該像那蒙眼轉圈的磨牛一樣，身體雖然行道，但心地裡沒有下功夫行道。心道如果行了，安坐不動已是行道，何必另外再用行道呢？」

【注釋】

❶ 磨牛：古印度用牛磨穀物之類，以布蒙住牛眼，讓其拉磨並繞磨走，牛身雖然行道，但茫然不知其所行處。比喻修行雖然身行，但心迷茫不行。

第四十一章　直心出欲

本章明修行，此道為出世間道，誡人直心念道，脫離諸苦。

佛言：「夫為道者，如牛負重❶。行深泥中❷，疲極不敢左右顧視；出離淤泥❸，乃可蘇息❹。沙門當觀情欲，甚於淤泥。直心念道，可免苦矣❺！」

【譯文】

佛陀說：「學道的行者，就像牛負重而行。行於深泥之中，為了出離，疲累之極也不敢左右顧視，出離淤泥後，才可以鬆一口氣。沙門應當觀情欲比之於淤泥還要危險。直心念道，可以免除痛苦啊！」

【注釋】

❶ 如牛負重：太虛法師認為此喻義有三重：一、為道者未解脫生死煩惱之前，則所負為煩惱；二、已發菩提心而未能普度眾生，則所負是眾生；三、如未解聖理，未證聖行，則所負是聖教。

❷ 深泥：喻煩惱生死海。

❸ 出離淤泥：喻已得度，以此時自身智力已足退無明煩惱故。

❹ 蘇息：喻安樂。言學佛者能信教明理精進修行，則可得大覺悟證大涅槃。

❺ 苦：音譯「納佉」、「諾佉」。指身心之苦惱感受。在現實生活中，對苦的感受，是釋尊修行的原始動機。在釋尊的根本教法中，苦諦也是「四聖諦」之一。此外，將苦滅除，趨向解脫，也是佛法的基本目標。「苦」有二義：一、三界分段生死苦；二、三乘變易生死苦。以此義，還未證得佛果前總須直道而行，圓覺果位現前始脫離苦。

第四十二章　達世知幻

本章總結全經，即以佛智觀察法界如夢如幻來總結，破眾生法執。這裡分為二：一是自初到塗足油，明了以佛智觀世間法；二是從視方便門到四時木，明了以佛智觀出世間法。

佛言：「吾視王侯之位，如過隙塵❶。視金玉之寶，如瓦礫。視紈素之服，如敝帛。視大千界❷，如一訶子❸。視阿耨池水❹，如塗足油。視方便門，如化寶聚。視無上乘，如夢金帛。視佛道，如眼前華。視禪定，如須彌柱❺。視涅槃❻，如晝夕寤。視倒正❼，如六龍舞❽。視平等，如一真地❾。視興化，如四時木。」

【譯文】

佛陀說：「我看王侯的位子，就像通過縫隙的塵土一樣。看金玉珍寶，就像瓦礫一樣。看用潔白精緻細絹所製成的衣服，就像破爛的普通絲織物一樣。看大千世界，就像一個微小的芥子一樣。看眾江河源頭的雪山水，就像塗足的油一樣。看方便的法門，就像幻化的諸寶匯聚。看無上乘，就如夢中的金帛一樣。看佛道，就像眼前的空花一樣。看禪定，不過就如四寶四微合成須彌山的柱子一樣。看涅槃，就如白天黑夜都醒著一樣。看倒正，就如六龍舞動一樣。看平等，就像一真實之地一樣。看興法教化，就如樹木隨著一年四季生長變化一樣。」

【注釋】

❶ 過隙塵：光線從門縫窗縫中射過，從中可以看到許多灰塵浮動，此為「過隙塵」。

❷ 大千界：為古代印度人之宇宙觀。古代印度人以四大洲及日月諸天為一小世界，合一千小世界為小千世界；合一千小千世界為中千世界；合一千中千世界為大千世界。今之俗語乃襲用佛教「大千世界」一詞，轉用於形容人間之紛紜諸相。小千、中千、大千並提，則稱「三千大千世界」。

❸ 訶子：就是芥子，原係芥菜之種子，顏色有白、黃、赤、青、黑之分，體積微小，故於經典中屢用以比喻極小之物，如謂「芥子容須彌，毛孔收剎海」即為常見於佛典中之譬喻。又因芥子與針鋒均為極微小之物，而以「芥子投針鋒」比喻極難得之事，如《北本涅槃經》卷二謂，佛出世之

難得猶如芥子投針鋒。

❹阿耨池：「阿耨達池」的簡稱，「無熱惱」的意思，相傳為閻浮提四大河之發源地。又作「阿耨大泉」、「阿那達池」、「阿那婆答多池」、「阿那婆踏池」。略稱「阿耨」。意譯「清涼池」、「無熱惱池」。據《大毘婆沙論》卷十五與《俱舍論》卷十一所載，此池位於大雪山之北，香醉山以南，稱為「無熱惱池」，周圍凡八百里，以金、銀、琉璃、頗梨（七寶之一，又作「玻璃」）等四寶裝飾岸邊，其池金沙瀰漫，清波皎鏡，有龍王居之，名為阿耨達，池中能出清冷之水。池東為恆河出口，南為信度河，西為縛芻河，北為徙多河。

❺須彌：即須彌山，意譯作「妙高山」、「好光山」、「好高山」、「善高山」、「善積山」、「妙光山」、「安明由山」。原為印度神話中之山名，佛教之宇宙觀沿用之，謂其為聳立於一小世界中央之高山。以此山為中心，周圍有八山、八海環繞，而形成一世界（須彌世界）。此山為世界中心之山，不易動搖，以此比喻禪定。

❻涅槃：意譯為「滅」、「滅度」、「寂滅」、「安樂」、「無為」、「不生」、「解脫」、「圓寂」。涅槃原意是火的熄滅或風的吹散狀態。佛教產生以前就有這個概念；佛教用以作為修習所要達到的最高理想境界。含義多種：息除煩惱業因，滅掉生死苦果，生死因果都滅，而人得度，故稱「滅」或「滅度」；眾生流轉生死，皆由煩惱業因，若息滅了煩惱業因，則生死苦果自息，名為「寂滅」或「解脫」；永不再受三界生死輪迴，故名「不生」；惑無不盡，德無不圓，故又

稱「圓寂」；達到安樂無為，解脫自在的境界，稱為「涅槃」。

❼倒正：眾生以妄心分別計度故有「倒正」。

❽六龍舞：眾生流轉生死，是六根，安樂涅槃，也是六根。背覺合塵名為「倒」，而實無減；背塵合覺名為「正」，而實無增。就如六龍舞，不過是首尾相換而已。

❾一真地：喻真如平等地，依此真如地後有四時興化。

延伸閱讀

1.《大正藏》第十七冊，《四十二章經》。
2.《佛遺教經》、《佛說四十二章經》、《佛說八大人覺經》合定本，金陵刻經處。
3. 蕅益大師，《蕅益大師全集．四十二章經解》（臺北：東初出版社，一九九一）。
4. 太虛大師，《太虛大師全書》（精）第三冊，《四十二章經講錄》（臺灣善導寺佛經流通處出版，一九八〇）。
5. 宣化上人，《佛說四十二章經淺釋》（北京：宗教文化出版社，二〇〇八）。
6. 自立法師，《佛說四十二經講記》，網路版。
7. 中國佛教協會編，《中國佛教．中國佛教經籍》（北京：東方出版社，一九九六）。
8. 賴永海，《佛典輯要》（北京：中國人民大學出版社，二〇〇七）。
9.《佛光大辭典》（北京：北京圖書館出版社，二〇〇四）。
10. 丁福保，《佛學大詞典》（北京：文物出版社，二〇〇二）。
11.《中國百科全書（佛教篇）》（臺南：中華佛教百科文獻基金會，一九九四）。

白話佛經

四十二章經

2012年11月初版　　定價：新臺幣200元
2024年1月初版第二刷

主編	賴永海
譯注者	尚榮
叢書主編	簡美玉
	胡金倫
特約編輯	吳美滿
	簡鯍慧
封面設計	陳文德
內文排版	翁國鈞

出版者	聯經出版事業股份有限公司
地址	新北市汐止區大同路一段369號1樓
叢書主編電話	(02)86925588轉5305
台北聯經書房	台北市新生南路三段94號
電話	(02)23620308
郵政劃撥帳戶第	0100559-3號
郵撥電話	(02)23620308
印刷者	文聯彩色製版印刷有限公司
總經銷	聯合發行股份有限公司
發行所	新北市新店區寶橋路235巷6弄6號2F
電話	(02)29178022

副總編輯	陳逸華
總編輯	涂豐恩
總經理	陳芝宇
社長	羅國俊
發行人	林載爵

行政院新聞局出版事業登記證局版臺業字第0130號

本書如有缺頁，破損，倒裝請寄回台北聯經書房更換。　ISBN 978-957-08-4084-1 (平裝)
聯經網址 http://www.linkingbooks.com.tw
電子信箱 e-mail:linking@udngroup.com

本書中文繁體字版由中華書局（北京）授權出版

國家圖書館出版品預行編目資料

四十二章經 / 賴永海主編．尚榮譯注．初版．新北市．
聯經．2012.11．120面．14.8×21公分．(白話佛經)
ISBN 978-957-08-4084-1（平裝）
[2024年1月初版第二刷]

1.經集部

221.772　　101020765

白話佛經

《金剛經．心經》 賴永海主編．陳秋平譯注
《法華經》 賴永海主編．王 彬譯注
《無量壽經》 賴永海主編．陳 林譯注
《六祖壇經》 賴永海主編．劉鹿鳴譯注
《圓覺經》 賴永海主編．徐 敏譯注
《四十二章經》 賴永海主編．尚 榮譯注
《金光明經》 賴永海主編．劉鹿鳴譯注
《梵網經》 賴永海主編．戴傳江譯注
《解深密經》 賴永海主編．趙錠華譯注
《楞嚴經》 賴永海主編．劉鹿鳴譯注

聯經出版公司 http://www.linkingbooks.com.tw
聯經出版文化空間 http://linkingbooks.pixnet.net/blog

《四十二章經》是從印度傳到中國的第一部經典。東漢明帝因夜夢神人，派人西去求法，建了中國第一座寺廟白馬寺，並帶回了這部經典，拉開佛教在中國流傳的序幕。

本經是佛涅槃以後，由他的弟子擇其一生所說的精粹警句，彙編成的佛語錄。內容包含沙門對佛的請益及佛的殷切開示，不但敘述了佛說法度眾生的事蹟，更闡述了原始佛教與大乘佛教的思想，以簡明精鍊的文字指引證悟之道。

全書四十二段分別說明沙門證道的過程、要術、修持之法，闡述「十善行」、「十惡行」，以及奉道布施的大乘之法，更談及修道面臨的二十難事及「五欲」，引領大家直心念道，脫離諸苦。

賴永海◎主編

ISBN 978-957-08-4084-1
00200
9789570840841
建議分類：佛經、宗教